Impressum
Verlag: BABADADA GmbH, Nedderfeld 112 , 22529 Hamburg
Geschäftsführer / Verlagsleitung: Harald Hof
Druck: Books on Demand GmbH, In de Tarpen 42, 22848 Norderstedt

Imprint
Publisher: BABADADA GmbH, Nedderfeld 112 , 22529 Hamburg, Germany
Managing Director / Publishing direction: Harald Hof
Print: Books on Demand GmbH, In de Tarpen 42, 22848 Norderstedt

duɗal
el colegio

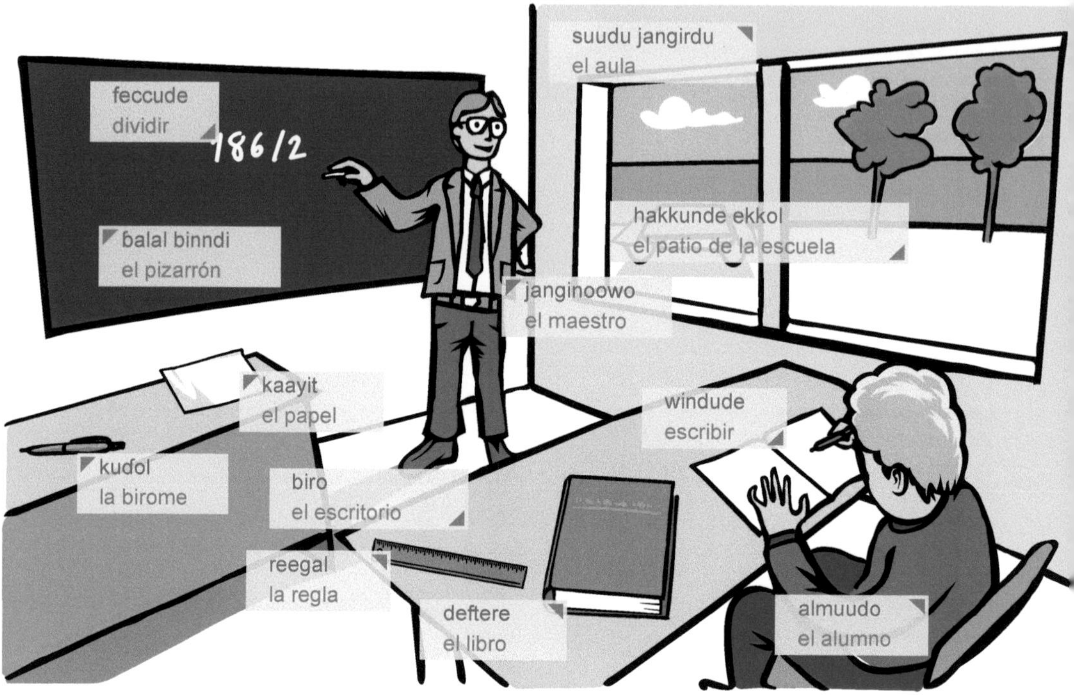

suudu jangirdu
el aula
feccude
dividir
186/2
ɓalal binndi
el pizarrón
hakkunde ekkol
el patio de la escuela
janginoowo
el maestro
kaayit
el papel
windude
escribir
kuɗol
la birome
biro
el escritorio
reegal
la regla
deftere
el libro
almuudo
el alumno

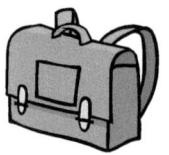

kartaabal

la mochila

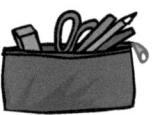

moftirdo kereyonji

la caja de lápices

kereyo

el lápiz

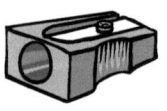

ceeɓnirgel kereyon

el sacapuntas

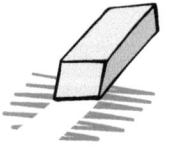

momtirgel

la goma (de borrar)

alluwal ciifirgal

el bloc de dibujo

ciifgol

el dibujo

limsere pentirteeɗo

el pincel

suwo pentirɗo

la caja de pinturas

sisooji

la tijera

ɗakkorgal

el pegamento

deftere ekkorgal

el cuaderno de ejercicios

golle janŋde

la tarea

niimara

el número

beydude

sumar

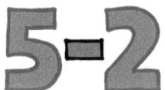

ustude

restar

beydude keeweendi

multiplicar

qimaade

calcular

bataake

la letra

karfeeje

el abecedario

kongol

la palabra

bindol

el texto

jangude

leer

bindirgal

la tiza

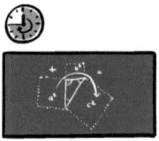

darsu

la lección

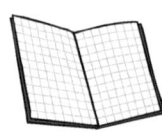

winditaade

el cuaderno de clase

egsame

el examen

sartifika

el certificado

comcol duɗal

el uniforme escolar

janŋde

la educación

ansikolopedi

la enciclopedia

duɗal jaaɓi haɗtirde

la universidad

mikoroskop

el microscopio

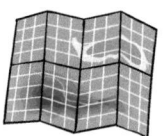

kartal

el mapa

suwo kurjut

el tacho (de basura)

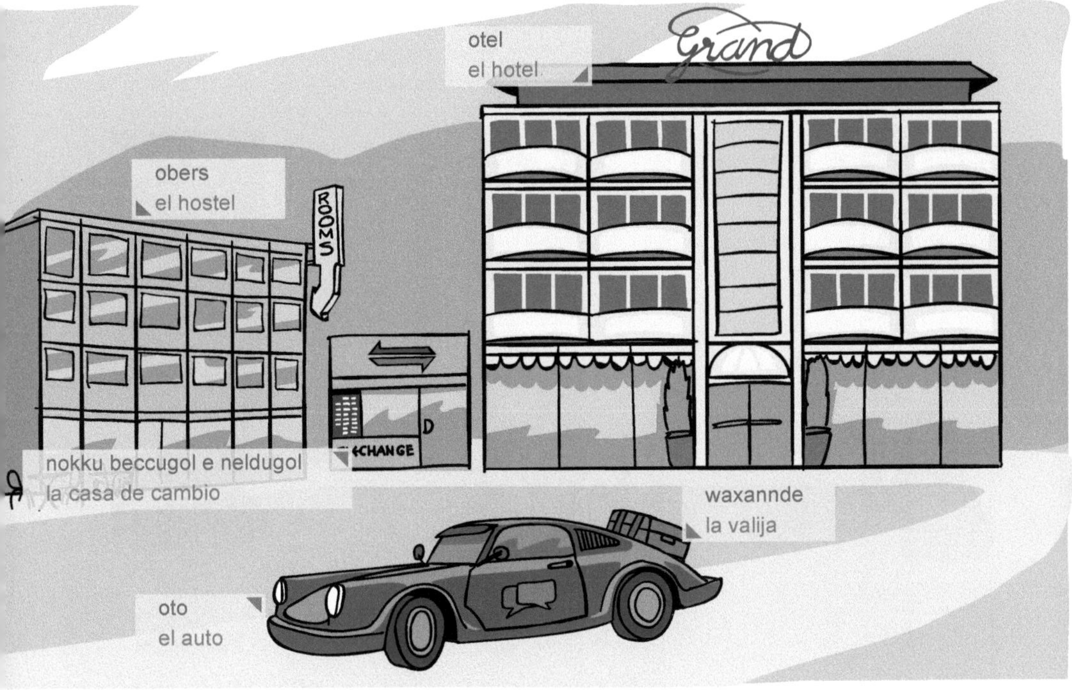

otel
el hotel
Grand
obers
el hostel
ROOMS
nokku beccugol e neldugol
la casa de cambio
EXCHANGE
waxannde
la valija
oto
el auto

ɗemngal

el idioma

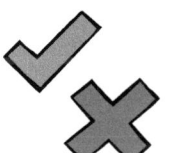

Eey / ala

sí / no

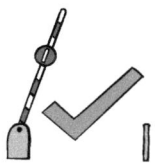

Moƴƴi

Está bien

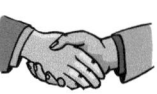

mbaɗɗa

hola

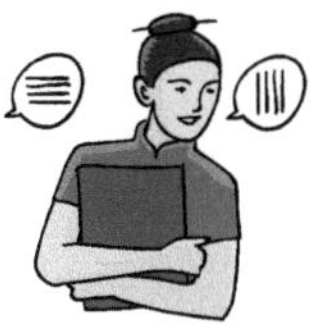

pirtoowo

el traductor

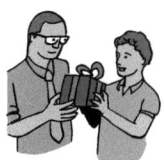

A jaraama

Gracias

no foti…?

¿cuánto cuesta…?

Mi faamaani

No entiendo

hanmi

el problema

Jam hiri!

¡Buenas tardes!

Jam waali!

¡Buenos días!

Mbaalen e jam!

¡Buenas noches!

ñande woɗnde

el adiós

laawol

la dirección

bagaas

el equipaje

saawdu

el bolso

saawdu wambateendu

la mochila

koɗo

el invitado

suudu

la habitación

njegenaaw

la bolsa de dormir

caalel ladde

la carpa

kabaruuji tuurist

la información turística

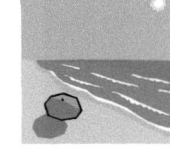

tufnde

la playa

kartal banke

la tarjeta de crédito

kacitaari

el desayuno

bottaari

el almuerzo

hiraande

la cena

biye

el pasaje

suutde

el ascensor

tampon

el sello

keerol

la frontera

duwaan

la aduana

ambasad

la embajada

wiisa

la visa

paaspoor

el pasaporte

taraspoor

el transporte

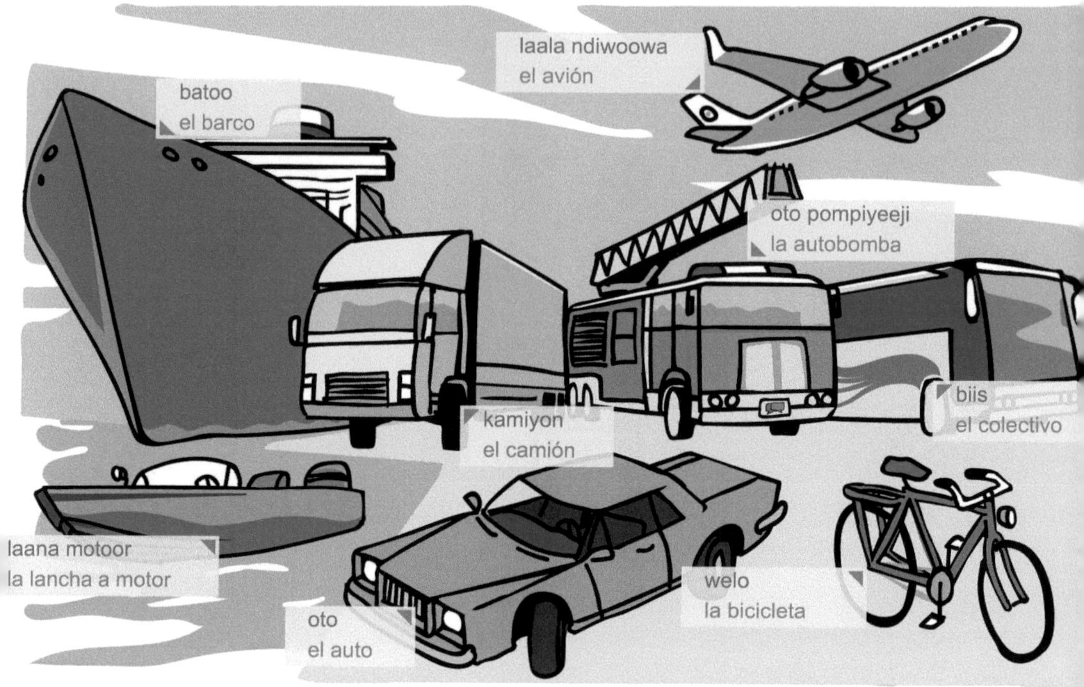
laala ndiwoowa
el avión
batoo
el barco
oto pompiyeeji
la autobomba
biis
el colectivo
kamiyon
el camión
laana motoor
la lancha a motor
welo
la bicicleta
oto
el auto

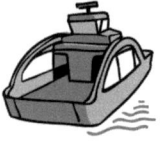

batoo

el ferry

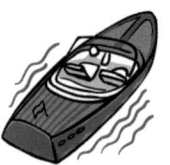

laana

el bote

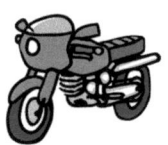

welo

la moto

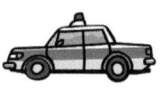

oto polis

el patrullero

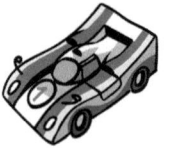

oto dogirteeɗo

el auto de carreras

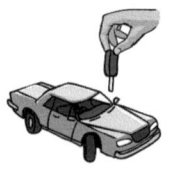

oto luwateeɗo

el auto de alquiler

dendugol oto

el alquiler de autos

oto dandoowo goɗɗo

la grúa

oto kurjut

el camión de la basura

motoor

el motor

karbiran

la nafta

nokku esaans

la estación de servicio

tintinooje yaangarta

la señal de tránsito

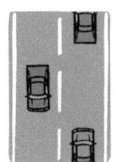

yaa ngarta

el tránsito

jiibo yaa ngarta

el embotellamiento

dingiral otooji

el estacionamiento

dingiral laana leydi

la estación de tren

laaɓi

las vías

laana leydi

el tren

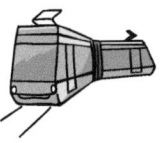

laana ndegoowa

el tranvía

saret

el vagón

elikopteer

el helicóptero

ayrepoor

el aeropuerto

tuur

la torre

wonɓe e laana

el pasajero

konteneer

el contenedor

karton

la caja de cartón

duñirgel kaake

la carretilla

basket

la canasta

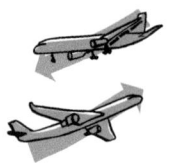

diwde / juuraade

despegar / aterrizar

wuro mowngu

la ciudad

wuro

el pueblo

hakkunde wuru wowngo

el centro de la ciudad

galle

la casa

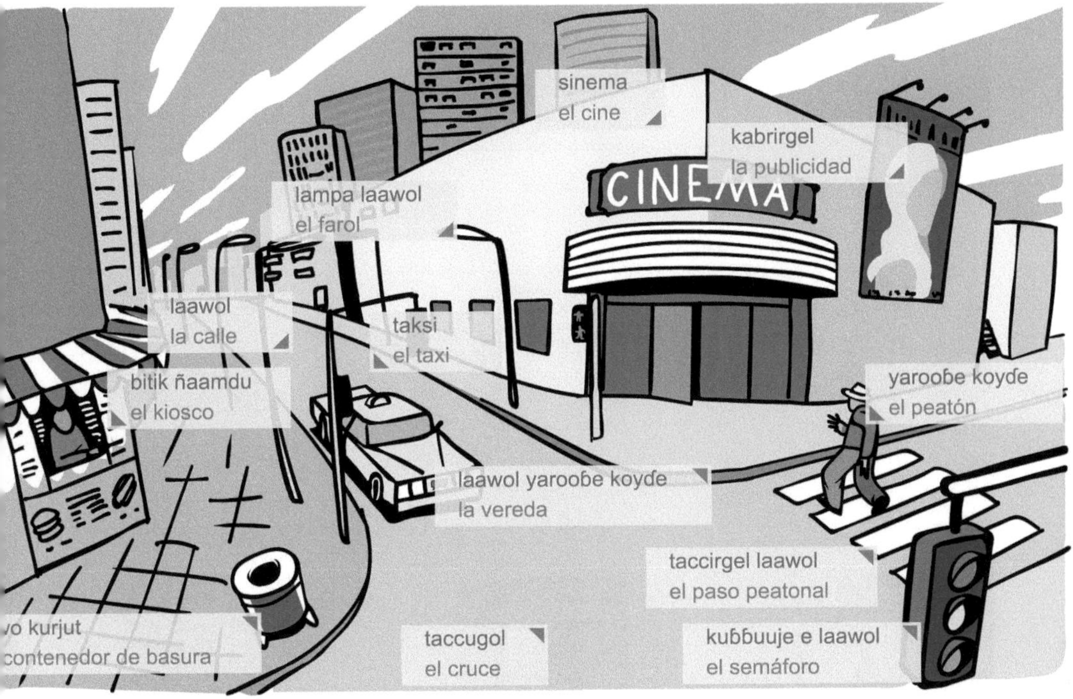

sinema
el cine

kabrirgel
la publicidad

lampa laawol
el farol

CINEMA

laawol
la calle

taksi
el taxi

bitik ñaamdu
el kiosco

yarooɓe koyɗe
el peatón

laawol yarooɓe koyɗe
la vereda

taccirgel laawol
el paso peatonal

...o kurjut
contenedor de basura

taccugol
el cruce

kuɓɓuuje e laawol
el semáforo

tiba
la cabaña

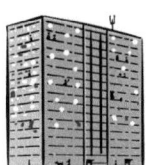

ko foti
el departamento

dingiral laana leydi
la estación de tren

meeri
la municipalidad

miise
el museo

duɗal
el colegio

duɗal jaaɓi haɗtirde

la universidad

banke

el banco

suudu safirdu

el hospital

otel

el hotel

farmasi

la farmacia

gollirgal

la oficina

suudu defte

la librería

bitik

el negocio

jeyoowo fuloraaji

la florería

sipermarse

el supermercado

jeere

el mercado

madase mawɗo

las grandes tiendas

jeyoowo liɗɗi

la pescadería

nokku coodateeɗo

el centro comercial

poor

el puerto

park
....
el parque

jooɗorgal
....
el banco

taccirgal
....
el puente

ŋabbirɗe
....
las escaleras

laawol metero
....
el subte

laawul les leydi
....
el túnel

fongo biis
....
la parada del colectivo

baar
....
el bar

restora
....
el restaurante

buwaat postaal
....
el buzón

lewñowel laawol
....
el letrero

to otooji ndaroto
....
el parquímetro

nokku kullon
....
el zoológico

pisin
....
la pileta

jama
....
la mezquita

ngesa

la granja

gakkingol hendu

la contaminación

bammule

el cementerio

egiliis

la iglesia

dingiral

los juegos infantiles

tampl

el templo

yiyande taariinde

el paisaje

baramlefol
la hoja

tugayal tintinirgal
el poste indicador

laawol
el camino

Huɗo sukkuko
la pradera

haayre
la piedra

ŋayloowo
el excursionista

lekki
el árbol

maayo
el río

huɗo
la hierba

fuloor
la flor

nokku kaañe mawɗe to
ndiyam dogata
el valle

waande

la montaña

weedu

el lago

ladde

el bosque

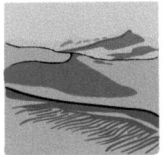

ladde yoornde

el desierto

wolkan

el volcán

satoo

el castillo

timtimol

el arco iris

sampiñon

el champiñón

leki palm

la palmera

ɓowngu

el mosquito

diwde

la mosca

njabala

la hormiga

mbuubu ñaak

la abeja

njabala

la araña

hoowoyre keppoore

el escarabajo

faabru

la rana

doomburu ladde

la ardilla

sammunde

el erizo

fowru

la liebre

pubbuɓal

la lechuza

colel

el pájaro

kakeleewal ladde

el cisne

mbabba tugal

el jabalí

lella

el ciervo

Nagge nde gallaɗi cate

el alce

baraas

la presa

masiŋel battowel hendu
jeynge

el aerogenerador

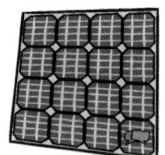

Lowowel nguleeki

el panel solar

kilima

el clima

restora
el restaurante

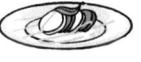

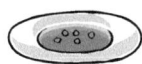

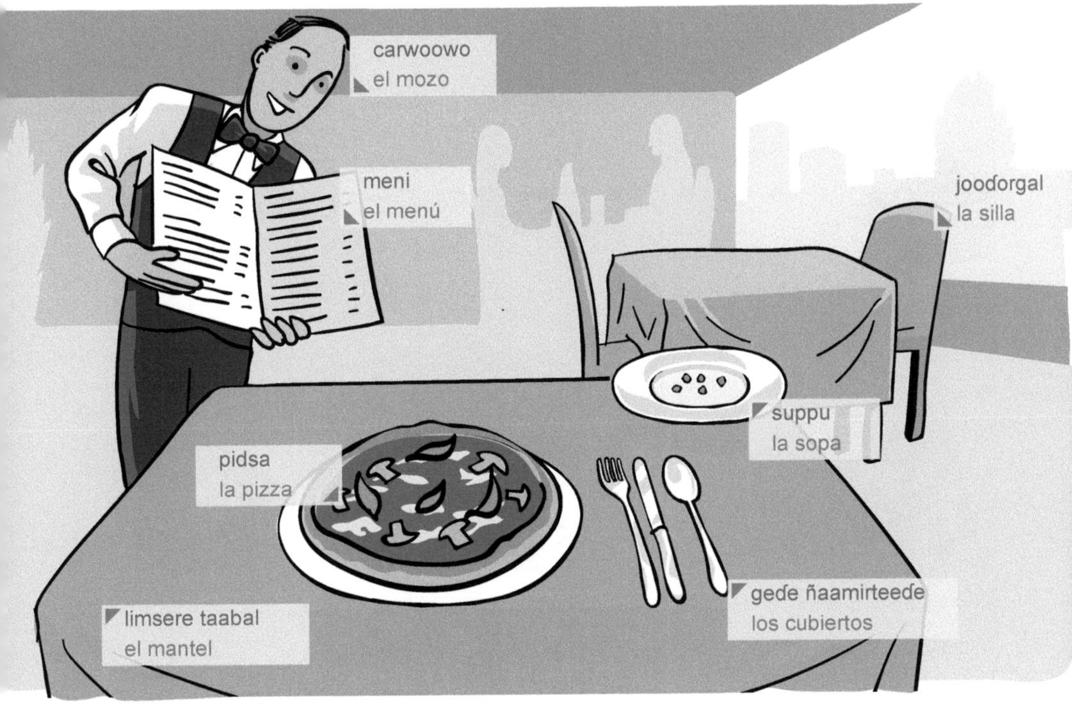
carwoowo
el mozo
meni
el menú
joodorgal
la silla
suppu
la sopa
pidsa
la pizza
limsere taabal
el mantel
geɗe ñaamirteeɗe
los cubiertos

tongitirgel

la entrada

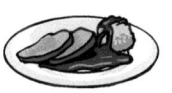

ñaamdu nguraandi

el plato principal

tuftorogol

el postre

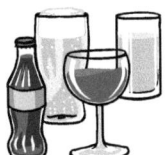

njaram

las bebidas

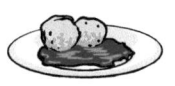

ñaamdu

la comida

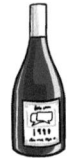

butel

la botella

fast fud

la comida rápida

ñaamdu laawol

la comida callejera

baraade

la tetera

cupayel suukara

la azucarera

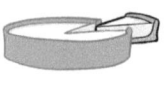

geɗel

la porción

Masinŋ kafe

la cafetera expreso

jooɗorgal toowngal

la sillita alta

biye

la cuenta

ñorgo

la bandeja

paaka

el cuchillo

furset

el tenedor

kuddu

la cuchara

nokkere kuddu

la cucharita

sarbet

la servilleta

weer

el vaso

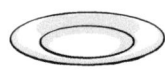

palaat

el plato

palaat suppu

el plato hondo

cupayel

el plato

soos

la salsa

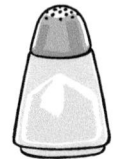

pot lamɗam

el salero

moññirgal poobar

el molinillo de pimienta

bineegara

el vinagre

nebam

el aceite

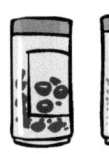

kaaɗnooje

las especias

ketsap

el kétchup

muttard

la mostaza

mayonees

la mayonesa

sipermarse
el supermercado

ngustugul coggu
la oferta especial
kiliyaan
el cliente
kosameeje
los lácteos
ɓikkon leɗɗe
la fruta
daasirgel
el changuito
FOR

BUTCHERS

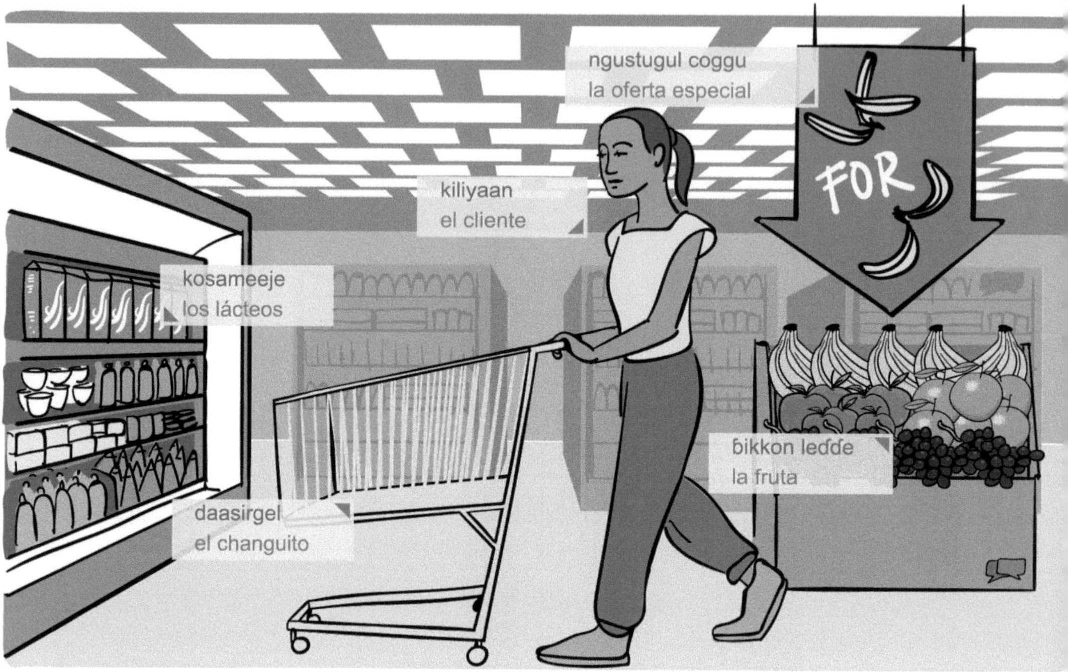

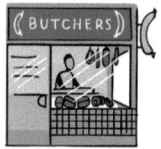

jeyoowo teew nagge

la carnicería

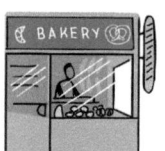

BAKERY

juɗoowo mburu

la panadería

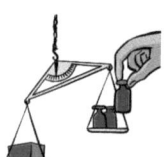

ɓetde

pesar

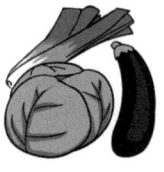

lijim

las verduras

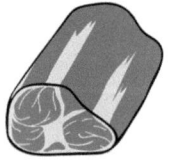

teew

la carne

ñaamdu ɓumnaandu

los alimentos congelados

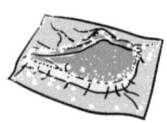

teew moftaaɗo

los fiambres

ñaamdu nder buwat

los alimentos enlatados

condi lawyirteendu

el detergente en polvo

bonboonji

las golosinas

geɗe ngurdaaɗe

los electrodomésticos

porodiwiiji laaɓnirni

los productos de limpieza

julaaajo

la vendedora

haa

la caja

kestotooɗo

el cajero

limto coodateeɗi

la lista de compras

waktuuji golle

el horario de atención

kalbe

la billetera

kartal banke

la tarjeta de crédito

saak

la cartera

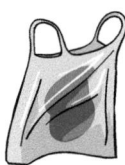

saak dalli

la bolsa de plástico

ndiyam

el agua

njaram

el jugo

kosam

la leche

yûlmere

la bebida cola

sangara

el vino

sangara

la cerveza

sangara

el alcohol

kakao

el cacao

ataaya

el té

kafe

el café

kafe jon jooni

el café expreso

kafe italinaaɓe

el cappuccino

banaana

la banana

pom

la manzana

oraas

la naranja

dende

el melón

limonŋ

el limón

karot

la zanahoria

laay

el ajo

lekki bambu

el bambú

basalle

la cebolla

sampiñon

el champiñón

gerte

las nueces

espageti

los fideos

espageti
los tallarines

maaro
el arroz

salaat
la ensalada

firit
las papas fritas

faatat cahaaɗo
las papas fritas

pidsa
la pizza

amburgeer
la hamburguesa

sandiwis
el sándwich

buhal baddangal e lijim
el churrasco

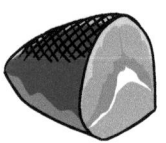

buhal teew
el jamón

kaane biyeteeɗo sosison
el salame

sosis
la salchicha

gertogal
el pollo

defaɗum
el asado

liingu
el pescado

ndefu gabbe kuwakeer

los copos de avena

njilɓundi aɓuwaan e gabbe godɗe

el muesli

kornfelek

los copos de maíz

farin

la harina

kurwasa

la medialuna

pe o le

el pancito

mburu

el pan

mburu juɗaaɗo

la tostada

mbiskit

las galletitas

nebam boor

la manteca

kosam kaaɗɗam

la cuajada

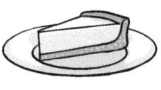

gato

la torta

ɓoccoonde

el huevo

moccoonde fasnaande

el huevo frito

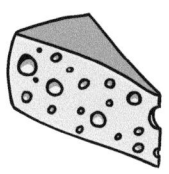

foromaas

el queso

kerem galaas

el helado

suukara

el azúcar

njuumri

la miel

teew nagge

la mermelada

nirkugol sokkola

la pasta de chocolate

suppu kaane

el curry

ngesa
la granja

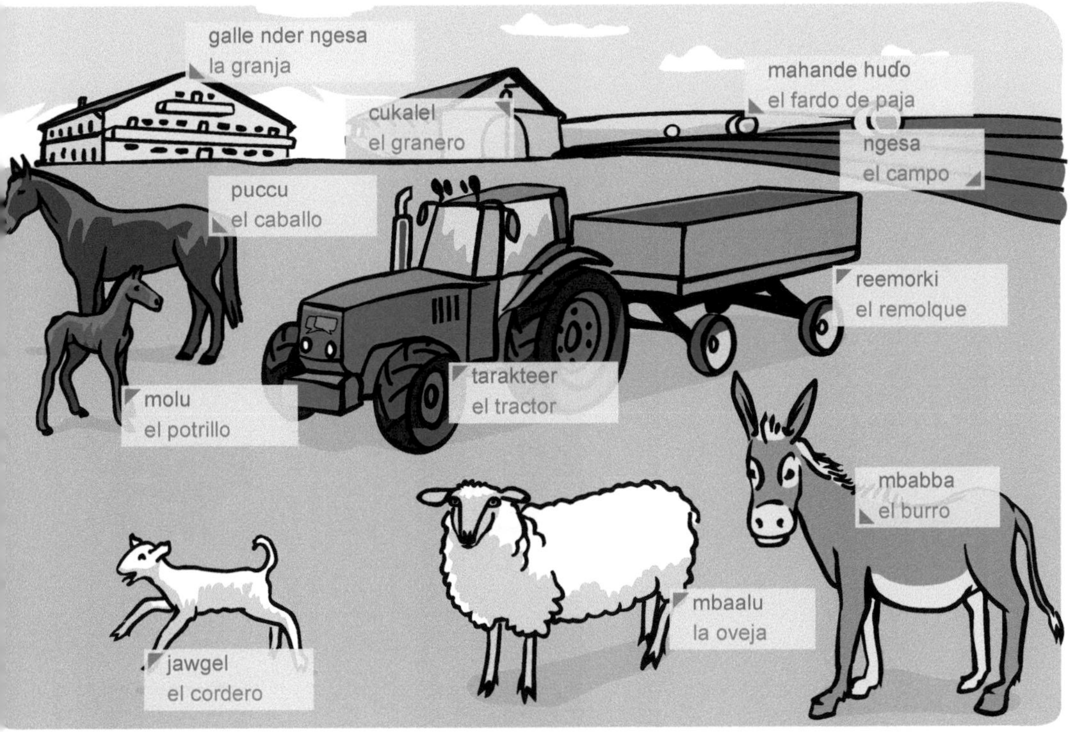
galle nder ngesa
la granja
cukalel
el granero
mahande huɗo
el fardo de paja
ngesa
el campo
puccu
el caballo
reemorki
el remolque
molu
el potrillo
tarakteer
el tractor
mbabba
el burro
mbaalu
la oveja
jawgel
el cordero

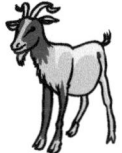

ndamdı

la cabra

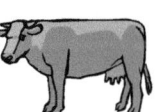

nagge

la vaca

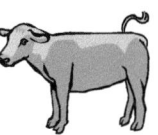

mbeewa

el ternero

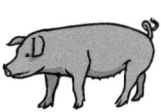

mbabba tugal

el cerdo

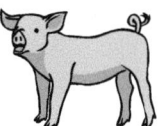

ɓingel mbabba tugal

el lechón

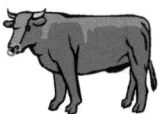

ngaari ladde

el toro

jarlal ladde

el ganso

gerlal

el pato

cofel

el pollo

jarlal

la gallina

ngori

el gallo

doomburu

la rata

ullundu

el gato

doomburu

el ratón

nagge

el buey

rawaandu

el perro

nokku dawaaɗi

la cucha

tiwo sardin

la manguera

doosirgal

la regadera

wofdu mawndu

la guadaña

masinŋ demoowo

el arado

wofdu

la hoz

coppirgal

la azada

rato

la horquilla

hakkunde

el hacha

buruwet

la carretilla

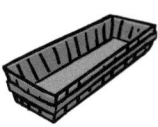

mbalka

el abrevadero

kosam buwat

la lechera

saak

la bolsa

kalasal galle

la reja

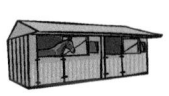

nokku pucci

el establo

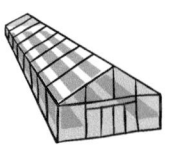

inexistant

el invernadero

leydi

el suelo

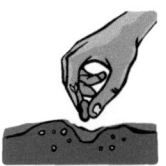

abbere

la semilla

nguurtinooje leydi

el fertilizador

masinŋ coñirteeɗo

la cosechadora

soñde

cosechar

soñde

la cosecha

ñambi

las batatas

bele

el trigo

soja

la soja

faatat

la papa

maka

el maíz

abbere lekki kolsa

la semilla de colza

lekki firwiiji

el árbol frutal

ñambi

la mandioca

sereyaal

los cereales

galle

la casa

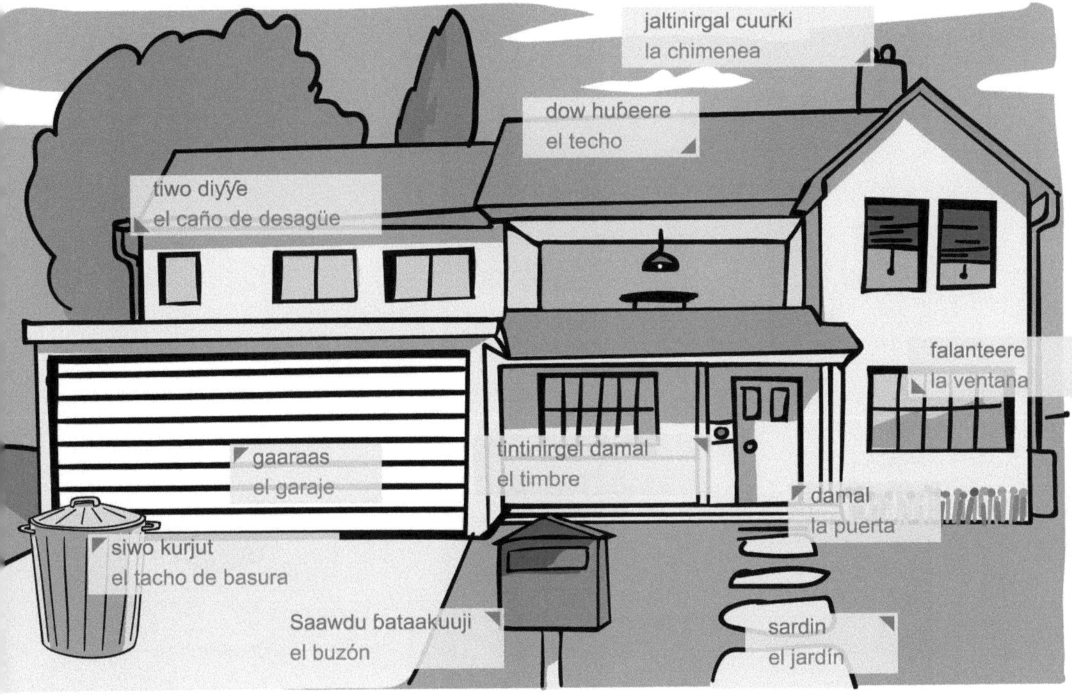

jaltinirgal cuurki
la chimenea
dow huɓeere
el techo
tiwo diyɓe
el caño de desagüe
falanteere
la ventana
gaaraas
el garaje
tintinirgel damal
el timbre
damal
la puerta
siwo kurjut
el tacho de basura
Saawdu ɓataakuuji
el buzón
sardin
el jardín

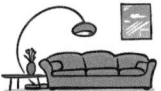

suudu yeewtere

el living

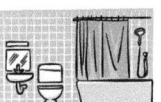

tarodde

el baño

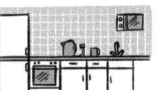

waañ

la cocina

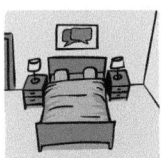

suudu waalduru

el dormitorio

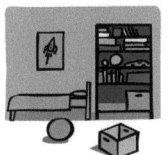

suudu sakaaɓe

el cuarto de los chicos

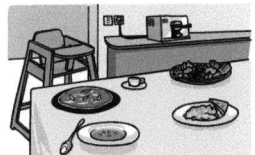

suudu hiraande

el comedor

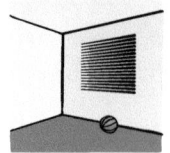

karawal

el piso

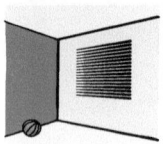

balal

la pared

asamaan suudu

el cielorraso

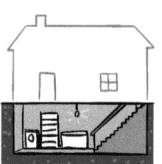

faawru

el sótano

soona e ɗemngal farase

el sauna

balko

el balcón

teeraas

la terraza

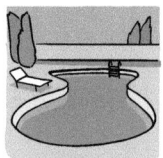

pisin

la pileta

keefoowo huɗo

la cortadora de pasto

darap

la sábana

darap

el acolchado

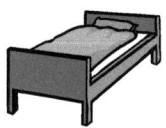

leeso

la cama

pittirgal

la escoba

suwo

el balde

ñifirgel

el interruptor

suudu yeewtere
el living

nataal
el empapelado
nataal
la imagen
lampa
la lámpara
etaseer
el estante
bahe
el armario
tele
la televisión
jaltinirgel cuurki
la chimenea
fuloor
la flor
njegenaaw
el almohadón
fotooy
el sofá
ciwirgal njaram
el florero
deengol ko woɗɗi
el control remoto

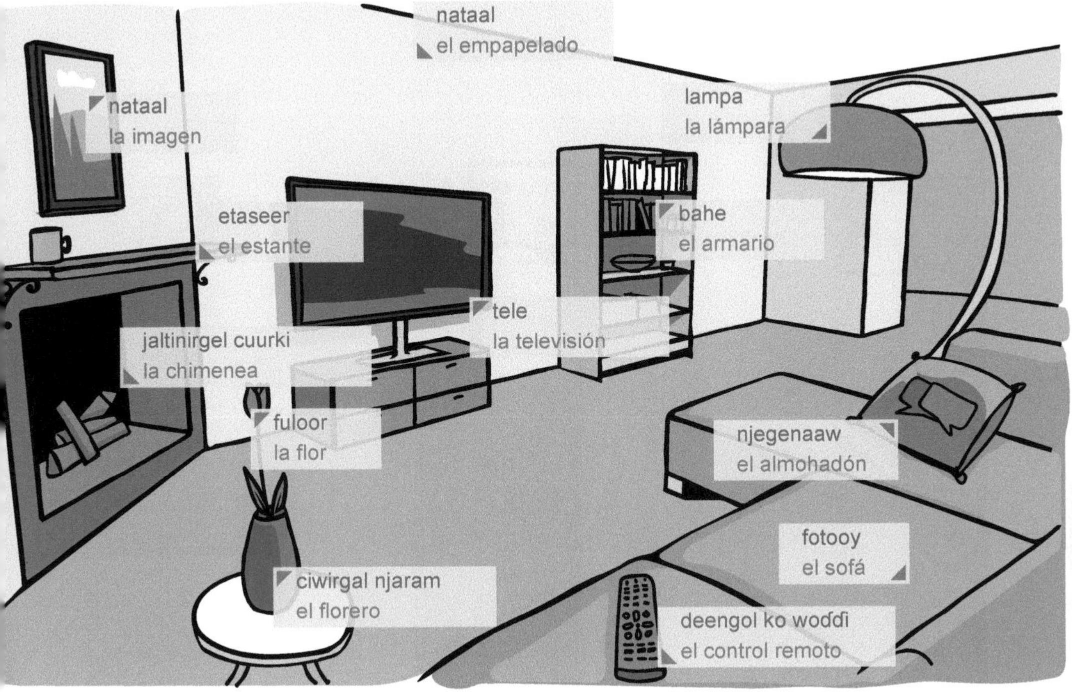

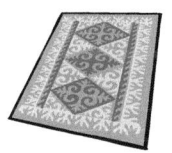

tappi

la alfombra

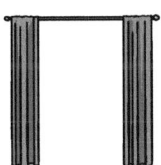

rido

la cortina

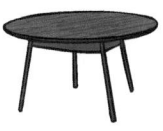

taabal

la mesa

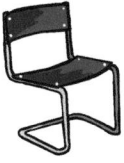

jooɗorgal

la silla

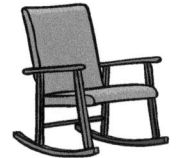

jooɗorgal timmungal

la mecedora

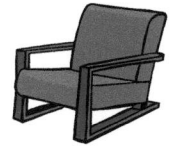

jooɗorgal tuggateengal

el sillón

deftere

el libro

cuddirgal

la frazada

jooɗnugol

la decoración

ledɗe kubɓateeɗe

la leña

filmo

la película

materiyel hi-fi

el equipo de música

coktirgal

la llave

kaayit kabaruuji

el diario

pentirgol

la pintura

posteer

el póster

rajo

la radio

teskorgel

el cuaderno

boɗowel pusiyeer

la aspiradora

kaktis

el cactus

sondel

la vela

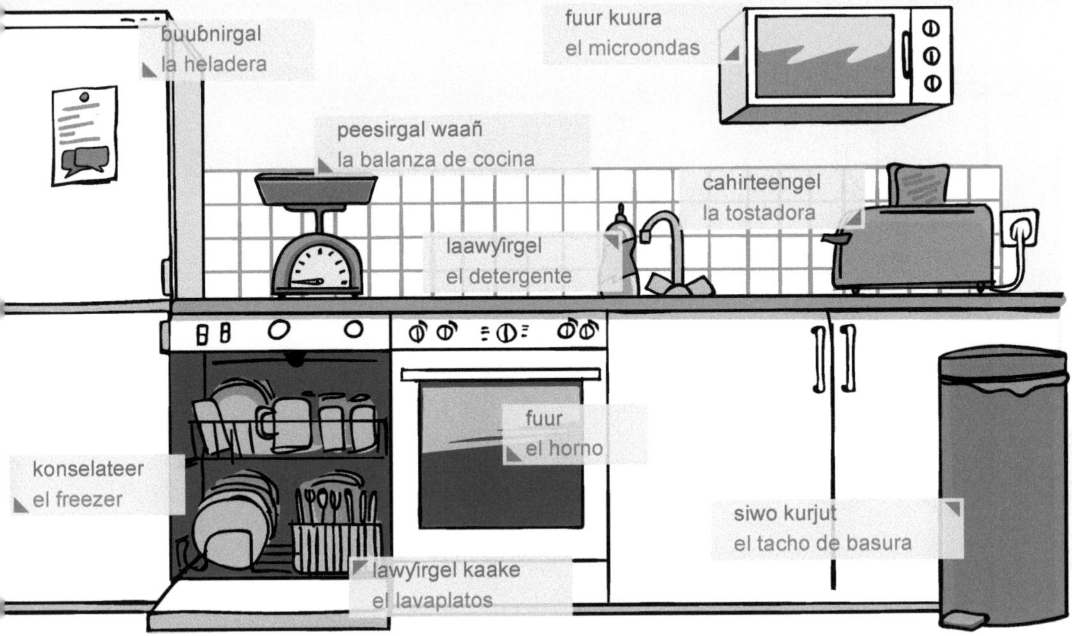

buubnirgal
la heladera

fuur kuura
el microondas

peesirgal waañ
la balanza de cocina

cahirteengel
la tostadora

laawyïrgel
el detergente

konselateer
el freezer

fuur
el horno

siwo kurjut
el tacho de basura

lawyïrgel kaake
el lavaplatos

fuurno

la cocina

pot

la olla

barme

la olla de hierro fundido

kasorol

el wok

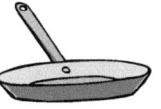

kasorol

la sartén

satalla

la pava

suppere defirteende

la vaporera

pool defirteeɗo

la bandeja de horno

lawỹugol kaake

la vajilla

pot jarduɗo

la taza

suppeere

el bol

ñibirgon ñaamdu

los palitos

kuddu luus

el cucharón

kayit ɗakirteeɗo

la espátula

iirtude

la batidora

ceɗirgel

el colador

tame

el colador

keefirgel

el rallador

moññirgal

el mortero

juɗgol

la parrilla

jeyngol e henndu

la fogata

coppirgal

la tabla de picar

degnirgel ñaamdu
feewnateendu

el palo de amasar

udditirgel butel

el sacacorchos

buwaat

la lata

udditirgel buwat

el abrelatas

nangirgel pot

la manopla

siimtude

la pileta

boros

el cepillo

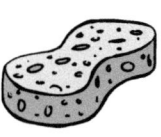

eppoos

la esponja

jiibirgel

la batidora

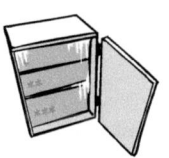

battowel galaas

el congelador

jardugel tiggu

la mamadera

robine

la canilla

waañ - la cocina

tarodde

el baño

gulnirgel suudo
la calefacción
lootogol
la ducha
momtirgel
la toalla
birnirgel lootorgal
la cortina de la ducha
lootogol e ngufu
el baño de espuma
ngaska buftorteengo
la bañadera
weer
el vaso
masinŋ lootnoowo
el lavarropas
robine
la canilla
kette senge
las baldosas
potsamburu
la pelela
siimtude
la pileta

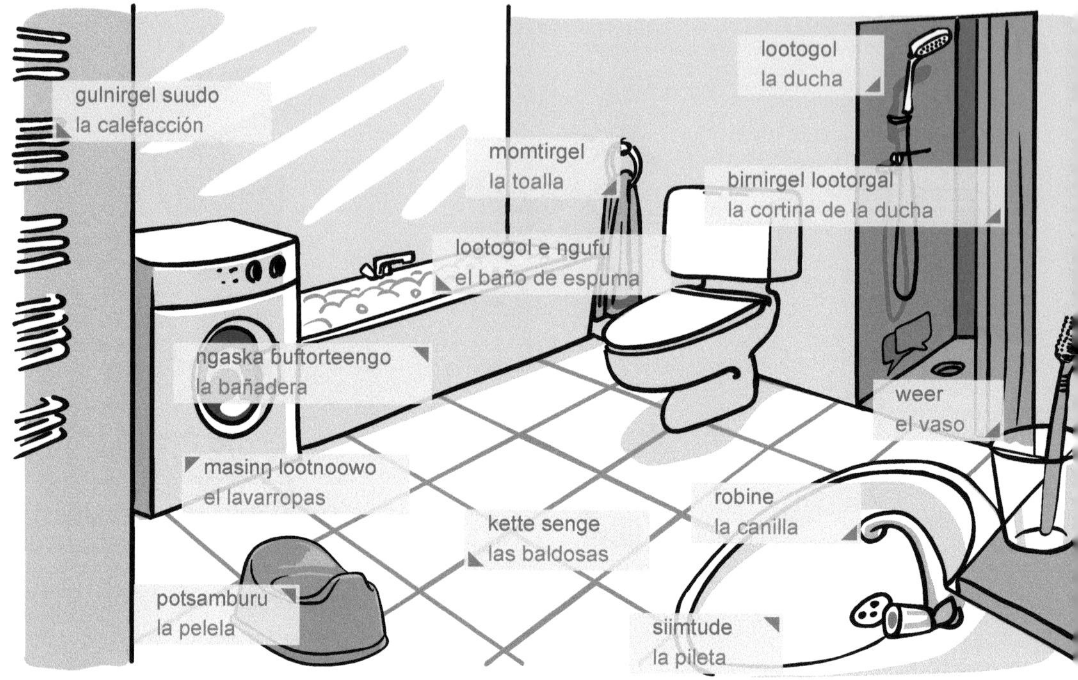

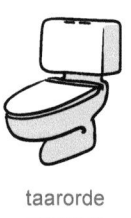

taarorde

el inodoro

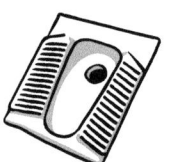

joɗorgal kuwirteengal

la letrina

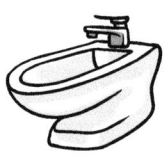

biisirgel ndiyam

el bidé

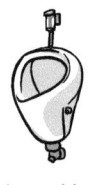

taarodde

el mingitorio

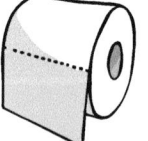

kaayit momtirɗo

el papel higiénico

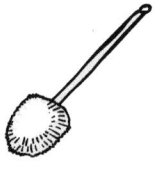

boros taarorde

el cepillo para el inodoro

coccorgal ŷiiye

el cepillo de dientes

sabunde ŷiiye

el dentífrico

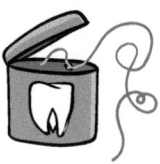

gaarowol ñiire

el hilo dental

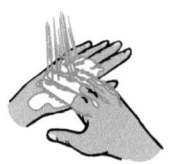

lawŷude

lavar

ɓoggol lootirteengol

la ducha de mano

ɓuftogol

la ducha higiénica

loowirteengel

la palangana

demirgel huɗo

el cepillo para la espalda

sabunnde

el jabón

saabunde ɓuftorteende

el gel de ducha

sampoye

el shampoo

limsere wiro

la toallita

ciiygol

el desagüe

kerem

la crema

uurnirgel

el desodorante

daandorgal

el espejo

daandorgal pamoral

el espejito

pembirgel

la maquinita de afeitar

ngufu pembol

la espuma de afeitar

moomiteengel pembol

el aftershave

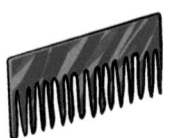

yeesoode

el peine

boros

el cepillo

joornirgel sukunndu

el secador de pelo

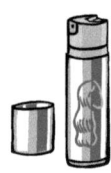

peewnirgel sukunndu

el spray

makiyaas

el maquillaje

jooɗirgel toni

el lápiz de labios

momtirgel cegeneeji

el esmalte para uñas

garowol wiro

el algodón

siso cegeneeji

la tijera para uñas

parfon

el perfume

waxande lootorgal

el portacosméticos

kuudi

la banqueta

peesirgal

la balanza

wutte cuftorteeɗo

la bata

gaɲuuji dalli

los guantes de goma

momtirer ƴiiƴam ella

el tampón

kuus tiggu

la toallita femenina

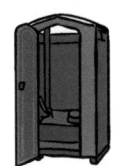

lootogol simik

el baño químico

suudu sakaaɓe

el cuarto de los chicos

pindinirgel
el despertador
kullel fijirde
el peluche
oto pijirgel
el coche de juguete
dillere
el sonajero
galle pijirgel
la casa de muñecas
hannde
el regalo

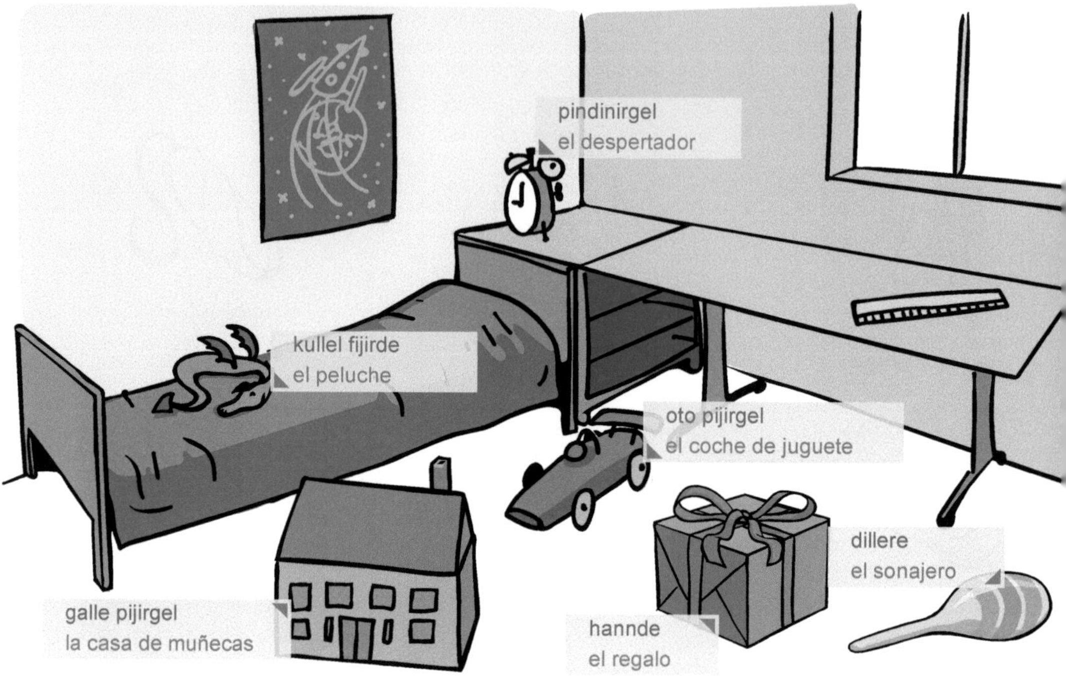

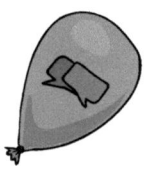

sumalle dalli

el globo

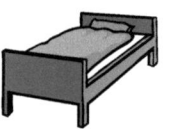

leeso

la cama

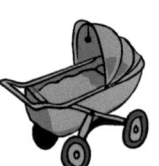

duñirgel tiggu

el cochecito

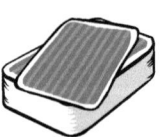

nokkere karte

las cartas

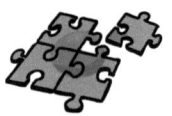

fijirde lombondirgol

el rompecabezas

SUPER
MEGA

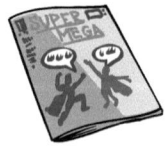

njalniika

la historieta

pijirgel tuufeeje

las piezas de lego

tuufeeje

los ladrillos de juguete

pijirgel

la figura de acción

comcol tiggu

el enterito (de bebé)

palaat diwwoow

el frisbee

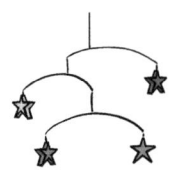

noddirgel

el móvil para bebés

pijirgel

el juego de mesa

dee

los dados

ñemtinirgel laana ndegoowa

el tren eléctrico

neɗɗo fuuunti

el chupete

fijirde

la fiesta

deftere nate

el libro de cuentos ilustrado

bal

la pelota

puppe

la muñeca

fijde

jugar

mbalka ceenal

el arenero

beeltirgal

la hamaca

pijirgel

los juguetes

pijiteengel see widewo

la consola de videojuegos

welo biifi tati

el triciclo

pijirgel kullel urs

el osito de peluche

armuwaar

el armario

comcol

la ropa

kawase

las medias

kawase

las medias panty

tuubayon bittukon

las calzas

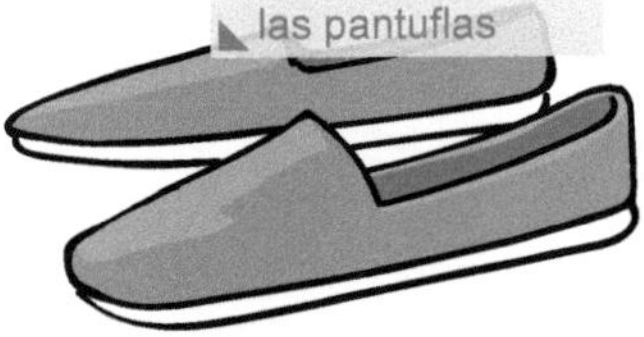

musuuro
la bufanda

paraseewal
el paraguas

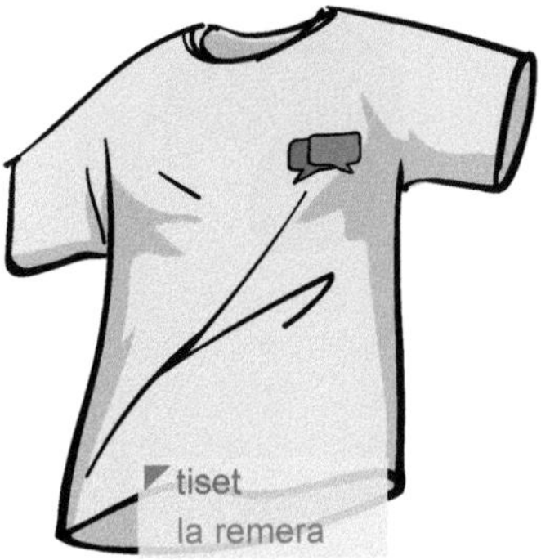

tiset
la remera

dadorde
el cinturón

pade toowde
las botas

pade suudu
las pantuflas

pade bokkateede
las zapatillas

pade diwa

las sandalias

pade

los zapatos

padde toowde lirotoode

las botas de goma

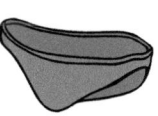

cakkirdi

la ropa interior

sucengors

el corpiño

silet

el chaleco

banndu

el body

tuuba

los pantalones

jiin

los jeans

robbo

la pollera

buluson

la blusa

simis

la camisa

piliweer

el pulóver

weste nebbu

el buzo

layset

el blazer

jaget

la campera

weste juudɗo

el tapado

wutte toɓo

el piloto

kostim

el traje

robbo

el vestido

robbo yange

el vestido de novia

weste
el traje

wutte baaldudo
el camisón

pijama
el pijama

sari
el sari

muusooro
el pañuelo para la cabeza

kaala
el turbante

kaala
la burka

sabndoor
el caftán

abbaay
la abaya

comcol lumbirogol
el traje de baño

cakkirdi
el short de baño

kilot
los shorts

joogin
el jogging

limsere deffowo
el delantal

gaŋuuji
los guantes

boɗɗirgel

el botón

lone

los anteojos

jawo

la pulsera

cakka

el collar

feggere

el anillo

hootonde

el aro

laafa

la gorra

liggirgal weste

la percha

laafa

el sombrero

karawat

la corbata

zip

el cierre

laafa ndeenka

el casco

ganŋ

los tiradores

comcol duɗal

el uniforme escolar

iniform

el uniforme

sarbetel daande

el babero

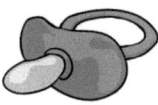

neɗɗo fuuunti

el chupete

kuus

el pañal

gollirgal
la oficina

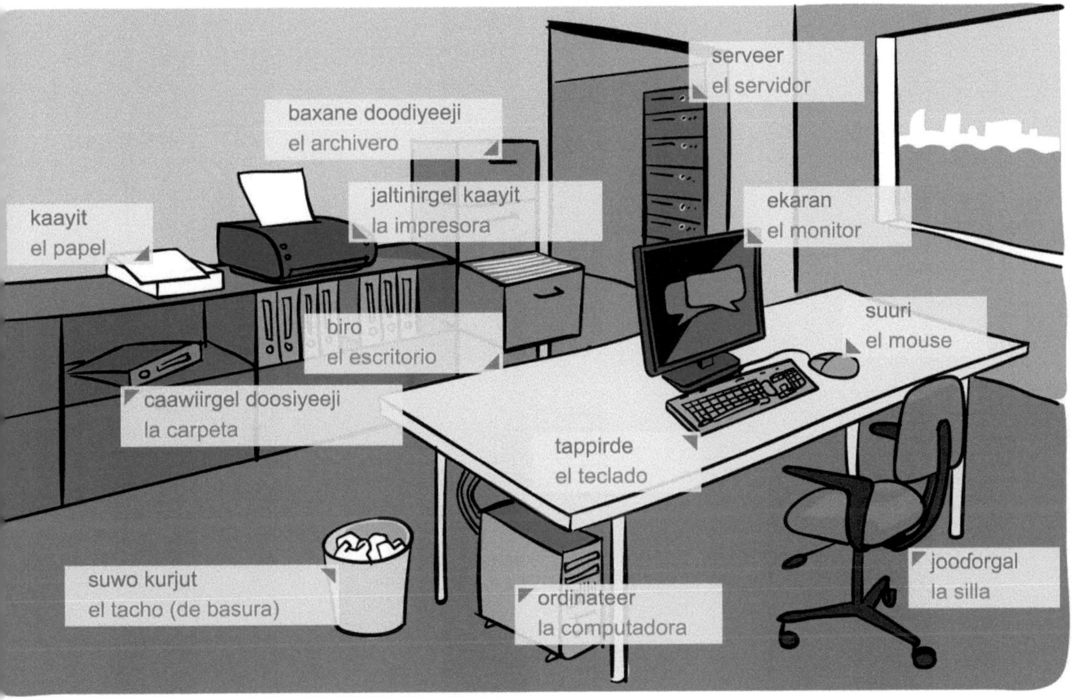

serveer
el servidor

baxane doodiyeeji
el archivero

jaltinirgel kaayit
la impresora

kaayit
el papel

ekaran
el monitor

biro
el escritorio

suuri
el mouse

caawiirgel doosiyeeji
la carpeta

tappirde
el teclado

suwo kurjut
el tacho (de basura)

joodorgal
la silla

ordinateer
la computadora

kuppu kafe

la taza de café

qiimorgal

la calculadora

enternet

el internet

ordinateer beelnateeɗo

la laptop

ɓataake

la carta

ɓataake

el mensaje

noddirgel

el celular

reso

la red

cottitirgel

la fotocopiadora

losisiyel

el software

noddirgel

el teléfono

ceŋirgel ɓoggol kuura

el tomacorriente

masinŋ faks

el fax

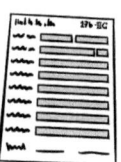

mbaadi

el formulario

dokiman

el documento

soodde

comprar

soodde

pagar

yeyde

hacer negocios

kaalis

el dinero

dolaar

el dólar

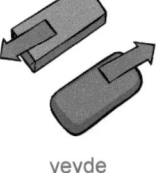

eroo

el euro

yen

el yen

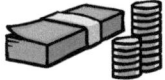

ruubal

el rublo

faran Siwis

el franco suizo

yuwaan renminbi

el yuan

rupii

la rupia

masinŋ keestorɗo kaalis

el cajero automático

nokku beccugol e neldugol

la casa de cambio

kanŋe

el oro

kaalis

la plata

esaans

el petróleo

sembe

la energía

coggu

el precio

kontara

el contrato

taks

el impuesto

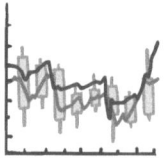

marsandiss moftaaɗo

la acción

gollude

trabajar

gollinteeɗo

el empleado

gollinoowo

el empleador

isin

la fábrica

bitik

el negocio

haajuuji
las ocupaciones

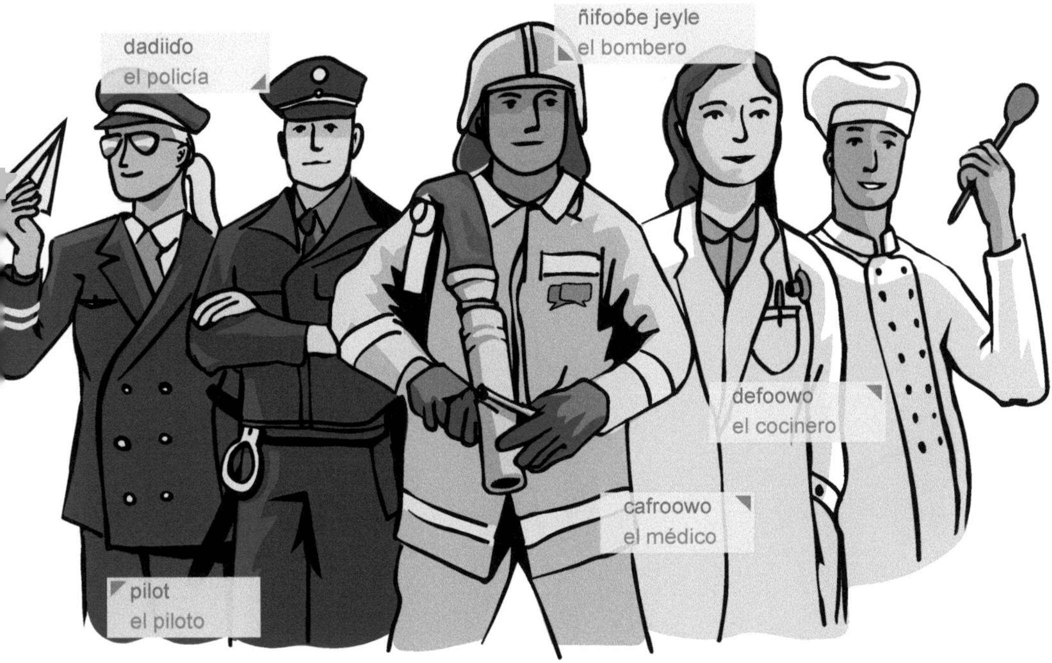
dadiiɗo
el policía
ñifooɓe jeyle
el bombero
defoowo
el cocinero
cafroowo
el médico
pilot
el piloto

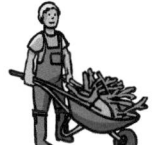

toppitiiɗo sardin
el jardinero

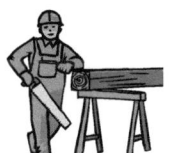

minise
el carpintero

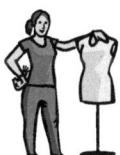

ñootoowo
la modista

ñaawoowo
el juez

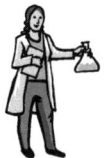

simist e ɗemngal farayse
el farmacéutico

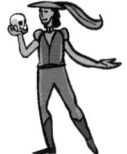

aktoor
el actor

dognoowo biis

el colectivero

dognoowo taksi

el taxista

gawoowo

el pescador

pittoowo

la mucama

cengirɗe huɓeere

el techista

carwoowo

el mozo

daddoowo

el cazador

pentiroowo

el pintor

piyoowo mburu

el panadero

gollowo kuura

el electricista

mahoowo

el albañil

enseñeer

el ingeniero

jeyoowo teew keso

el carnicero

polombiyer

el plomero

nawoowo ɓatakuuji

el cartero

kooninke

el soldado

diidoowo ɓahanteeri

el arquitecto

kestotooɗo

el cajero

jeyoowo fuloraaji

el florista

mooroowo

el peluquero

dognoowo

el cobrador

mekanisiyenŋ

el mecánico

kapiteen

el capitán

cafroowo ƴiiƴe

el dentista

miijotooɗo

el científico

kellifaaɗo diine to israayel

el rabino

imaam

el imán

muwaan e e ɗemngal
farayse

el monje

kellifaaɗo diine heerereeɓe

el sacerdote

kuutorɗe
las herramientas

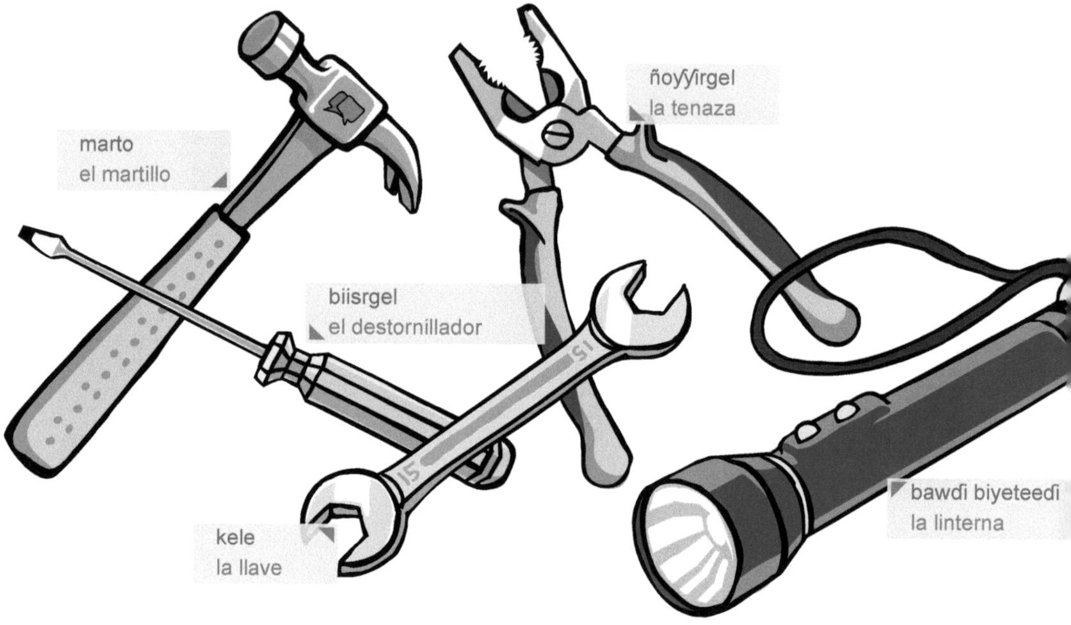
marto
el martillo
ñoyÿirgel
la tenaza
biisrgel
el destornillador
kele
la llave
bawɗi biyeteeɗi
la linterna

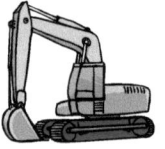

pikku

la excavadora

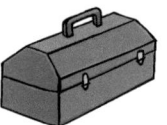

baxanel kaɓorɗe

la caja de herramientas

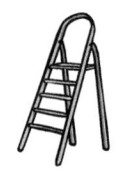

ŋabbirgal

la escalera portátil

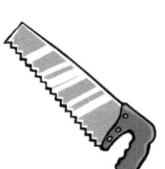

taÿirgal

la sierra

ÿibirɗe

los clavos

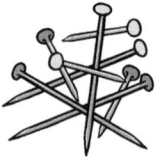

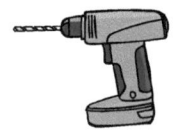

julirgal

el taladro

fewnitde
....
arreglar

nokkirgel
....
la pala de jardín

Soo!
....
¡Qué bronca!

ɓoftirgel kurjut
....
la pala de plástico

pot penttiir
....
el tacho de pintura

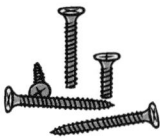

wiisuuji
....
los tornillos

kongirgon misik
los instrumentos musicales

nantinooji
el parlante

kongateeɗe
la batería

duubl baas
el contrabajo

liital
la trompeta

hoddu
la guitarra

piayaano

el piano

wiyolon

el violín

baas

el bajo

bowɗi biyeteeɗi timpani

los timbales

bawɗi

el tambor

tappirgal

el teclado

saksofoon

el saxofón

nguurdu

la flauta

mikoro

el micrófono

nokku kullon

el zoológico

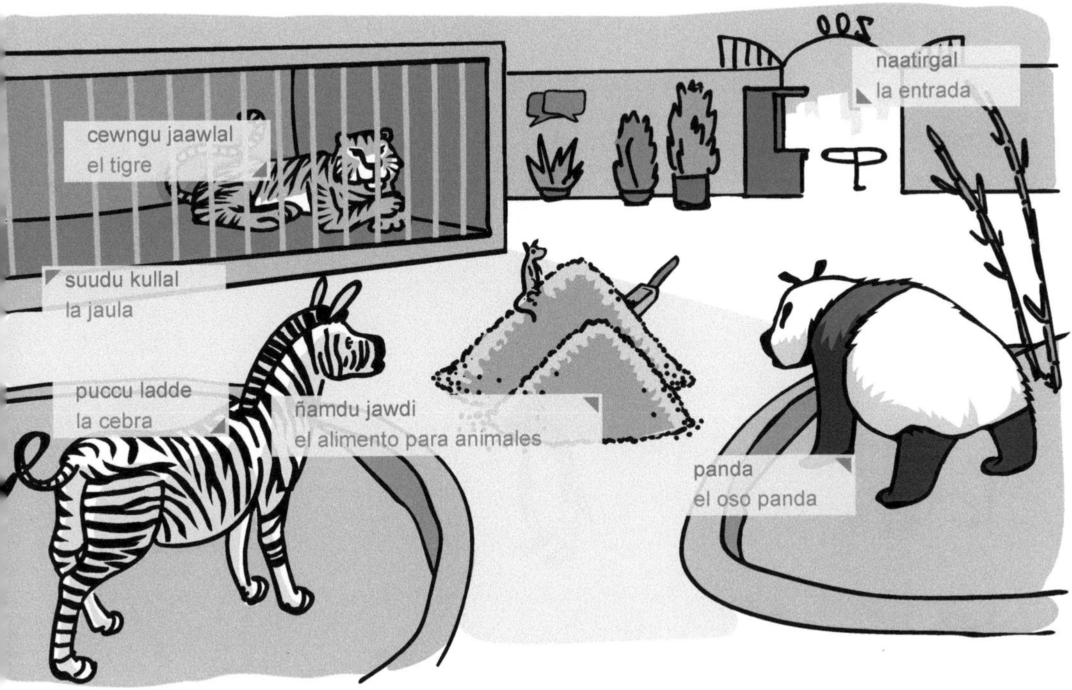

naatirgal
la entrada
cewngu jaawlal
el tigre
suudu kullal
la jaula
puccu ladde
la cebra
ñamdu jawdi
el alimento para animales
panda
el oso panda

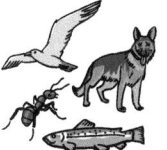

kulle

los animales

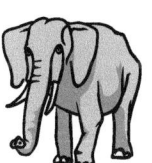

ñiiwa

el elefante

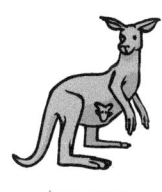

kanguru

el canguro

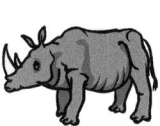

rinoseros

el rinoceronte

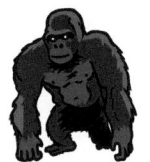

waandu mowndu

el gorila

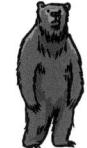

urs

el oso

ngelooba

el camello

sundu burndu mownude

el avestruz

mbaroodi

el león

waandu

el mono

ñaaral pural

el flamenco

seku

el loro

urso galaas

el oso polar

liingu wiyeteendu penguwe

el pingüino

lingu reke

el tiburón

ndiwri wiyeteendu pawon

el pavo real

laadoori

la serpiente

nooro

el cocodrilo

deenoowo zoo

el cuidador del zoológico

togoori ndiyam wiyeteendu
fok e farayse

la foca

cewngu

el jaguar

molu

el poni

cewngu

el leopardo

ngabu

el hipopótamo

njabala

la jirafa

ciilal

el águila

mbabba tugal

el jabalí

liingu

el pescado

heende

la tortuga

kullal biyeteengal morse

la morsa

renaar

el zorro

lella

la gacela

los deportes

Fuggukoyngel Amerknaaɓe
el fútbol americano

dognugol welo
el ciclismo

tenis
el tenis

beysbol
el básquet

lumbagol
la natación

boks
el boxeo

fuggukoyngel e galaas
el hockey sobre hielo

Fuggukoyngel
el fútbol

badminton
el bádminton

atelettuuji
el atletismo

hanbol
el handball

fijirɗe deggol e nees
el esquí

polo
el polo

golle
las actividades

jalde
reír
diwde
saltar
ɓuucaade
abrazar
yaade
caminar
yimde
cantar
hoyɗitaade
soñar
juulde
rezar
ɓuucaade
besar

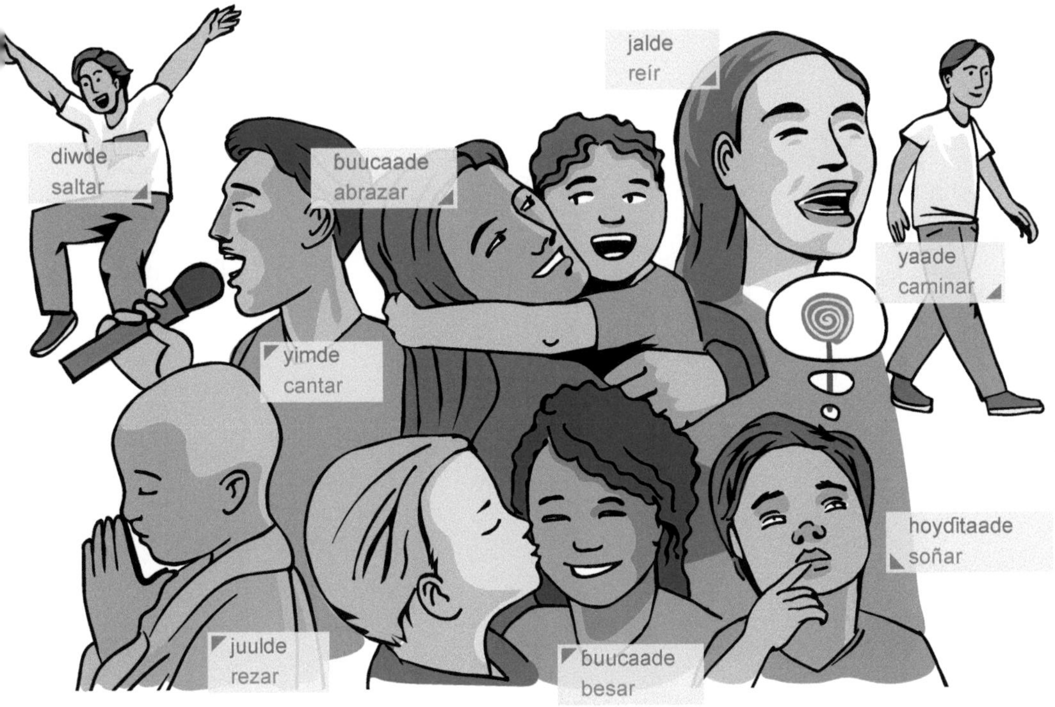

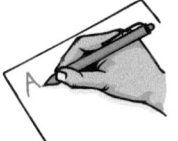

windude
escribir

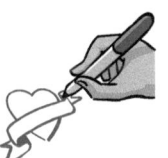

siifde
dibujar

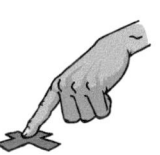

hollude
mostrar

duñde
presionar

rokkude
dar

ƴettude
tomar

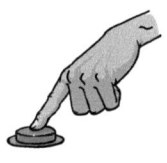

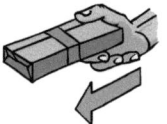

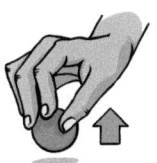

deñde

tener

wadde

hacer

wonde

ser

ummaade

estar parado

dogde

correr

foodde

tirar

weddaade

tirar

yande

caer

fende

estar acostado

sabbaade

esperar

roondaade

llevar

joodaade

estar sentado

boornaade

vestirse

daanaade

dormir

finde

despertar

ỹeewde

mirar

woyde

llorar

helde

acariciar

yeesaade

peinar

haalde

hablar

faamde

entender

naamnaade

preguntar

heɗaade

escuchar

yarde

beber

ñaamde

comer

hawrinde

ordenar

yiɗde

amar

defde

cocinar

dognude

manejar

diwde

volar

awyŭde

navegar

qimaade

calcular

jangude

leer

jangude

aprender

gollude

trabajar

resde

casarse

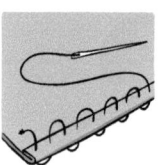

ñootde

coser

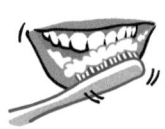

soccaade ỹiiỹe

cepillarse los dientes

warde

matar

simmaade

fumar

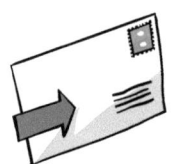

neldude

enviar

ɓesngu
la familia

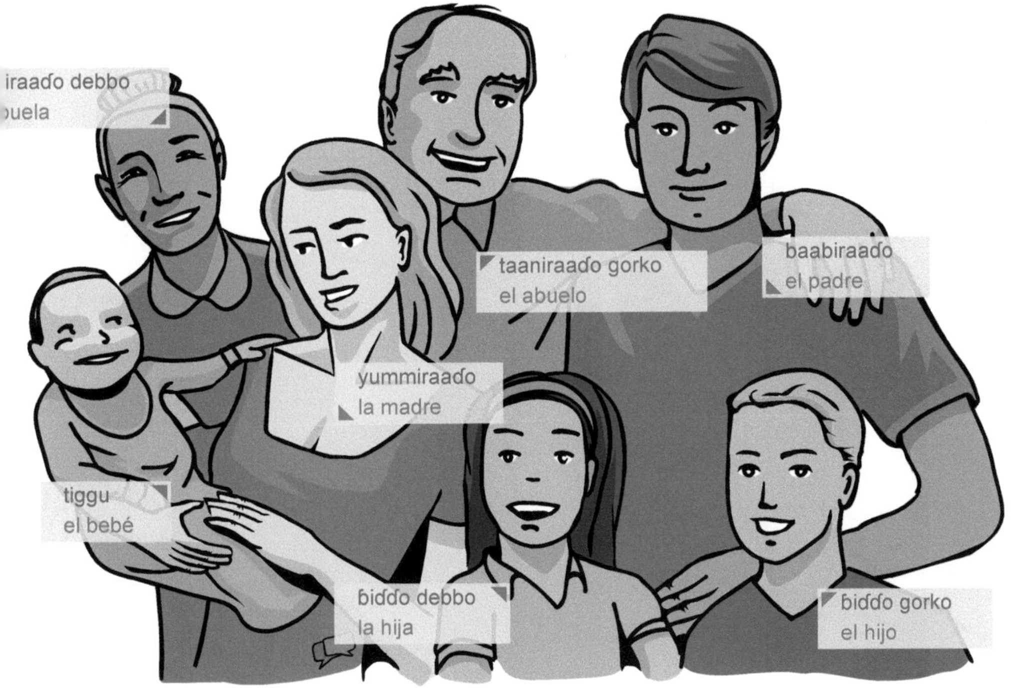
iraaɗo debbo
ɔuela
taaniraaɗo gorko
el abuelo
baabiraaɗo
el padre
yummiraaɗo
la madre
tiggu
el bebé
ɓiɗɗo debbo
la hija
ɓiɗɗo gorko
el hijo

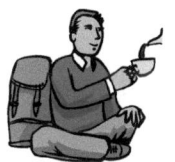

koɗo
el invitado

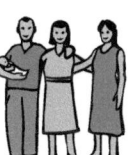

goggiraaɗo
la tía

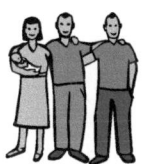

kaawiraaɗo
el tío

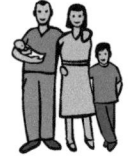

mowniraaɗo gorko
el hermano

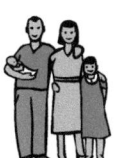

mowniraaɗo debbo
la hermana

ɓandu

el cuerpo

tiinde
la frente
yiitere
el ojo
walabo
el hombro
feɗendu
el dedo
yeeso
la cara
waare
la pera
jungo
la mano
koyngal
la pierna
endu
el pecho
jungo
el brazo

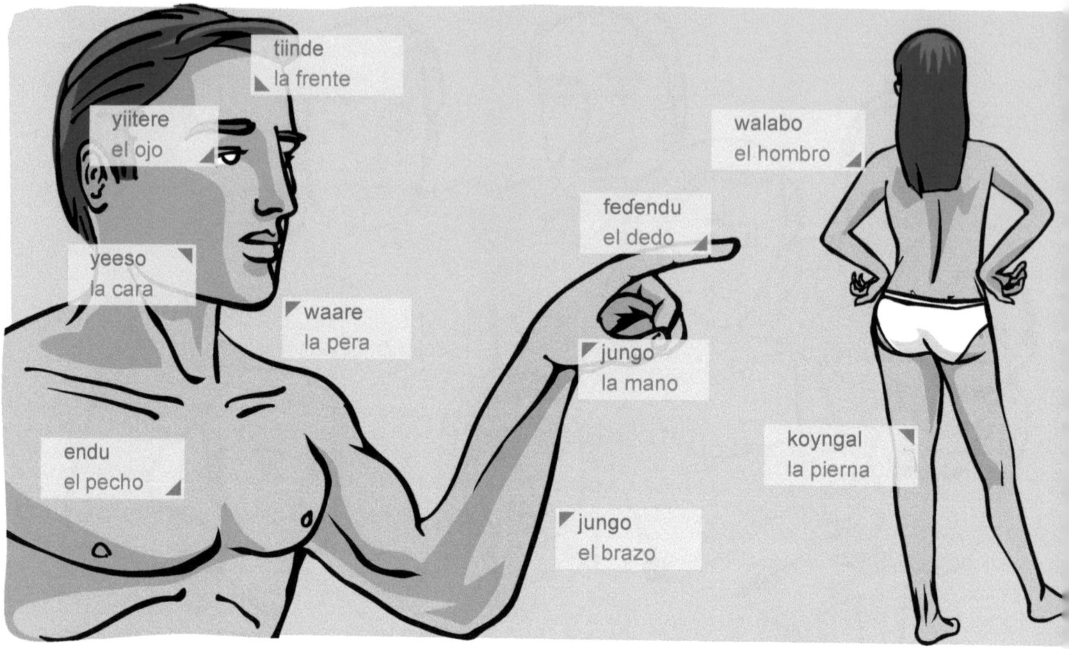

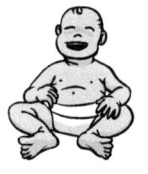

tiggu

el bebé

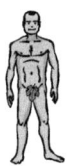

gorko

el hombre

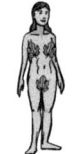

debbo

la mujer

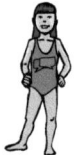

deftere kongoli

la nena

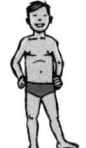

suka gorko

el nene

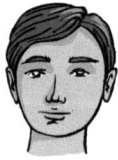

hoore

la cabeza

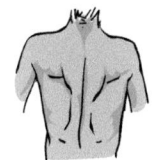

keeci

la espalda

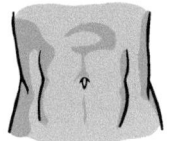

reedu

la panza

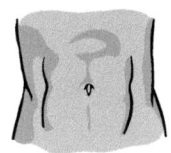

wuddu

el ombligo

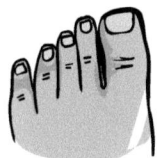

feɗendu koyngal

el dedo del pie

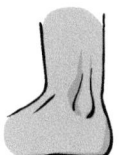

jaɓɓorgal

el talón

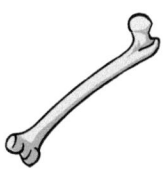

ƴiyal

el hueso

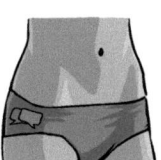

rotere

la cadera

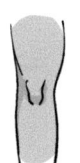

hofru

la rodilla

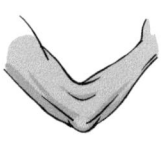

salndu junngu

el codo

hinere

la nariz

dote

la cola

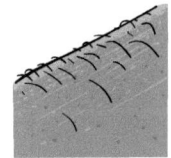

nguru

la piel

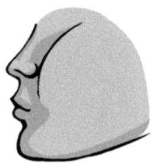

aɓɓulo

el cachete

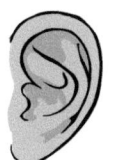

nofru

la oreja

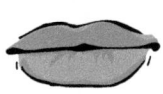

tonndu

el labio

hunuko

la boca

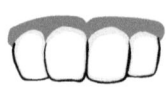

ñiire

el diente

ɗemngal

la lengua

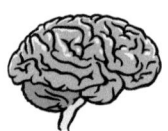

ngaandi

el cerebro

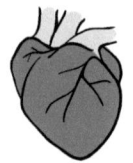

ɓernde

el corazón

yîyal

el músculo

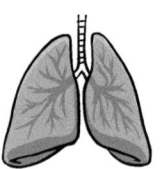

wecco

el pulmón

heeñere

el hígado

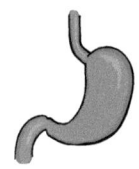

estoma

el estómago

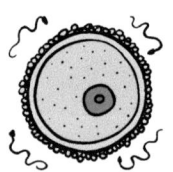

tekteki mawni

los riñones

terɗe

el sexo

laafa ndeenka

el preservativo

ɓoccoonde maniya

el óvulo

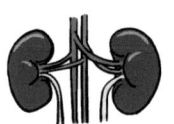

maniya

el semen

reedu

el embarazo

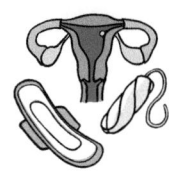

yiiỹam ella
la menstruación

farja
la vagina

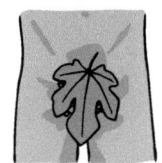

kaake
el pene

leeɓi dow yiitere
la ceja

sukunndu
el pelo

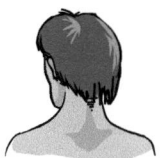

daande
el cuello

suudu safirdu
el hospital

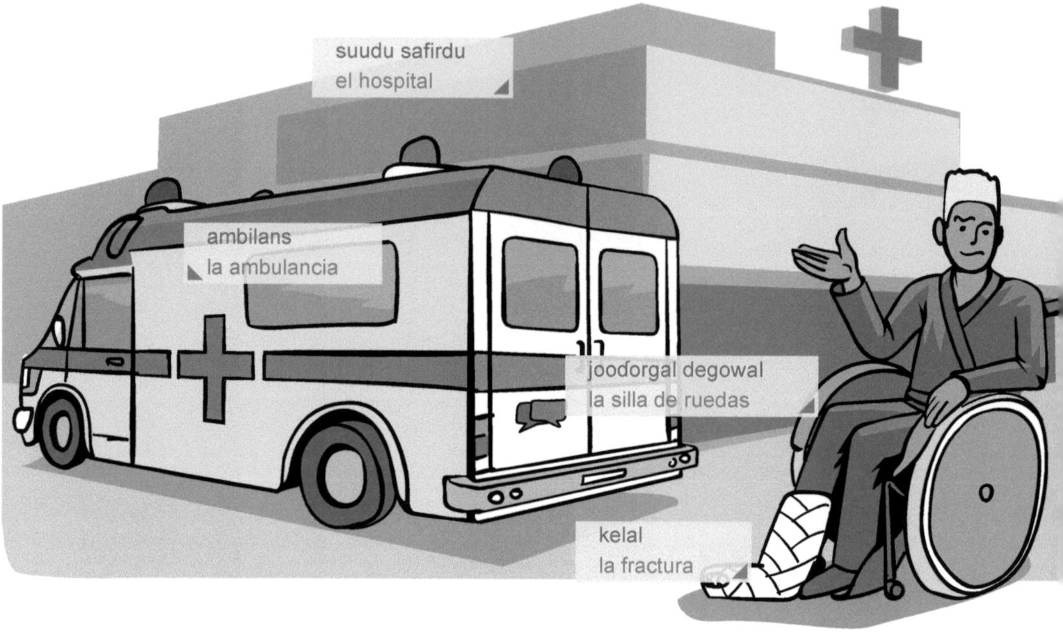

suudu safirdu
el hospital
ambilans
la ambulancia
jooɗorgal degowal
la silla de ruedas
kelal
la fractura

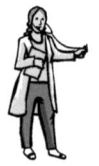

cafroowo

el médico

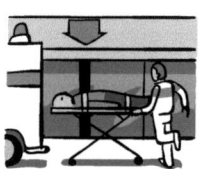

suudo irsaans

la sala de guardia

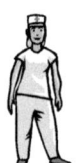

cafroowo

la enfermera

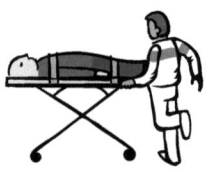

irsaans

la emergencia

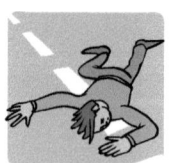

paɗɗiiɗo

inconsciente

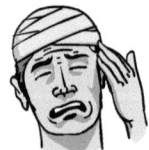

muuseeki

el dolor

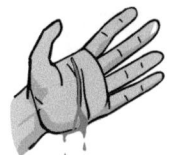

gaañande

la lesión

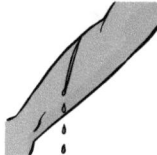

tuyƴude

la hemorragia

bernde dartiinde

el infarto

darogol ɓernde

el ACV

alersi

la alergia

ɗojjugol

la tos

nguleeki ɓandu

la fiebre

maɓɓo

la gripe

reedu dogooru

la diarrea

muuseeki hoore

el dolor de cabeza

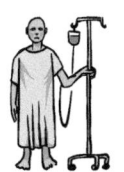

kanser

el cáncer

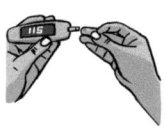

jabet

la diabetes

operasiyon

el cirujano

ceekirgel

el bisturí

operasiyon

la operación

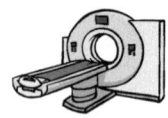

CT
la TC

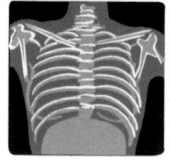

reyon-x
los rayos x

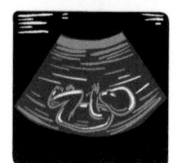

iltarason
la ecografía

mask yeeso
el barbijo

ñaw
la enfermedad

suudu sabbordu
la sala de espera

sawru tuggorgal
la muleta

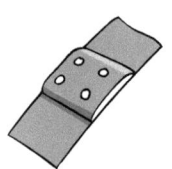

palatar
la curita

bandaas
la venda

pikkitagol
la inyección

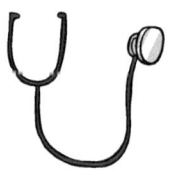

keɗirgel dille ɓandu
el estetoscopio

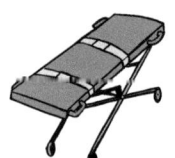

balankaaru
la camilla

ɓetirgel nguleeki ɓanndu
el termómetro

jibinegol
el nacimiento

ɓandu ɓurtundu
el sobrepeso

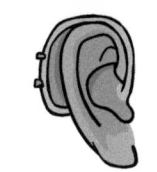

ɓallotirgel nonooje

el audífono

desefektan

el desinfectante

infeksiyon

la infección

viris

el virus

HIV / SIDA

el VIH / SIDA

safaara

el remedio

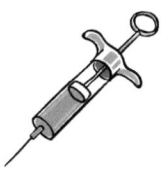

ñakko

la vacunación

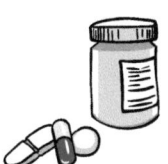

tabletuuji

los comprimidos

foɗɗere

la pastilla anticonceptiva

noddaango heñoraango

la llamada de emergencia

ɓetirgel dogdu ƴiiƴam

el tensiómetro

sellaani / salli

enfermo / sano

Paabođe!

¡Ayuda!

tintinirgel

la alarma

jangol

la agresión

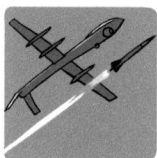

yande e

el ataque

musiiba

el peligro

damal dandirgal

la salida de emergencia

Paabođe!

¡Fuego!

ñifirgel jeynge

el matafuego

aksida

el accidente

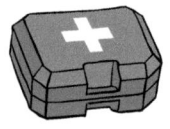

gede cafrorde gadane

el botiquín de primeros
auxilios

BALLAL

el SOS

Polis

la policía

Erop

Europa

Amerik to Rewo

América del Norte

Amerik to Worgo

América del Sur

Afiriki

África

Asi

Asia

Ostarali

Australia

Atalantik

el Atlántico

Pasifik

el Pacífico

Oseyan Enje

el Océano Índico

Oseyan Antarktik

el Océano Antártico

Osean Arkatik

el Océano Ártico

Bange Rewo

el polo norte

Bange Worgo

el polo sur

Antarktik

la Antártida

Leydi

la Tierra

leydi

la tierra

maayo mawngo

el mar

wuro nder ndiyam

la isla

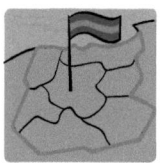

leydi

la nación

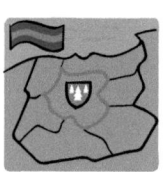

jamaanu

el estado

yeeso montoor

la esfera

misalel waqtu

la manecilla de las horas

misalel hojomaaji

el minutero

misalel majanɗe

el segundero

Hol waqtu jonɗo?

¿Qué hora es?

ñalawma

el día

saha

la hora

jooni

ahora

montoor disitaal

el reloj digital

hojom

el minuto

waqtu

la hora

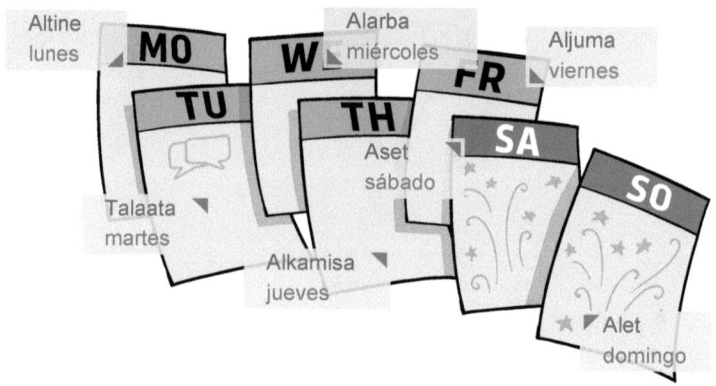

Altine / lunes
Alarba / miércoles
Aljuma / viernes
Talaata / martes
Aset / sábado
Alkamisa / jueves
Alet / domingo

hanki

ayer

hande

hoy

jango

mañana

subaka

la mañana

beetawe

el mediodía

kikiiɗe

la tarde

ñalawmaaji golle

los días hábiles

ñalamaaji fooftere

el fin de semana

hitaande

el año

toɓo
la lluvia
timtimol
el arco iris
nees
la nieve
hendu
el viento
caggal dabbunde
la primavera
dabbunde
el otoño
ndungu
el verano
dabbunde
el invierno

4.APRIL 11°
5.APRIL 4°
6.APRIL 13°
7.APRIL 8°
8.APRIL 10°

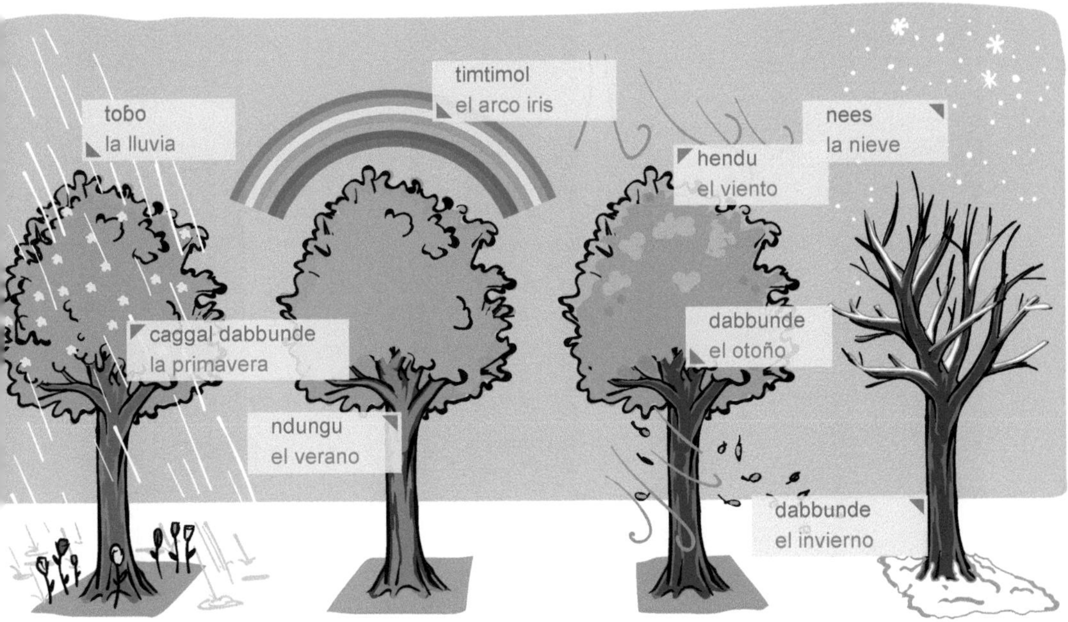

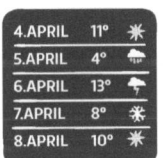

kabrugol geɗe weeyo

el pronóstico meteorológico

F
C
120
90
60
30
0
-30
40
30
20
10
0
-10
-20

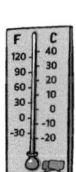

ɓetirgal nguleeki

el termómetro

nguleeki naange

la luz del sol

duulal

la nube

nibɓere niwri

la niebla

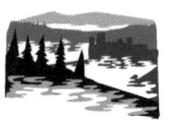

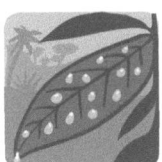

ɓuuɓol

la humedad

majaango

el rayo

gidango

el trueno

hendu yaduungo e gidaali

la tormenta

toɓo mawngo

el granizo

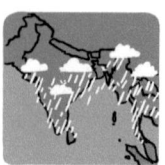

keneeli mawɗi

el monzón

toɓo yooloongo

la inundación

galaas

el hielo

Janwiye

enero

Feeviriye

febrero

Mars

marzo

Awril

abril

Me

mayo

Suwe

junio

Suliye

julio

Ut

agosto

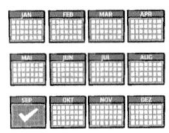

Setanbar

septiembre

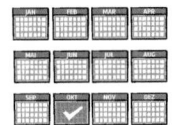

Oktobar

octubre

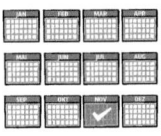

Noowambar

noviembre

Desambar

diciembre

Mbaadi

las formas

taariɗum

el círculo

bangeeji potɗi

el cuadrado

rektangal

el rectángulo

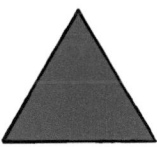

tiriyangal

el triángulo

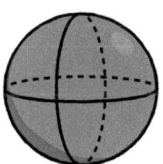

esfeer

la esfera

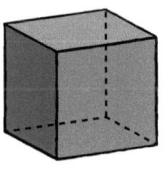

kib

el cubo

deneejo

blanco

puro

amarillo

oraas

naranja

roos

rosa

boɗeejo

rojo

yolet

violeta

bulaajo

azul

werte

verde

baka

marrón

giri

gris

ɓaleejo

negro

heewi / famɗi

mucho / poco

mittinɗo / deeyɗo

enojado / tranquilo

yooɗi / soofi

lindo / feo

fuɗɗorde / gasirde

el principio / el fin

mawni / famɗi

grande / chico

leeri / ɗibbiɗi

claro / oscuro

mawniraaɗo gorko / debbo

el hermano / la hermana

laaɓi / tulmi

limpio / sucio

timmi / manki

completo / incompleto

ñalawma / jamma

el día / la noche

mayi / wuuri

muerto / vivo

yaaji / ɓitti

ancho / angosto

ñaame / ñaametaake

comestible / no comestible

bonɗum / moýýi

malo / amable

weelti / ɗeeyi

entusiasmado / aburrido

ɓutto / cewɗo

gordo / flaco

gadiiɗo / cakkitiiɗo

primero / último

sehil / gaño

el amigo / el enemigo

heewi / ɓolɗi

lleno / vacío

tiiɗi / hoyi

duro / blando

teddi / hoyi

pesado / liviano

heege / ɗomka

el hambre / la sed

sellaani / salli

enfermo / sano

dagaaki / dagi

ilegal / legal

ýoyi / ýiýaani

inteligente / estúpido

ñaamo / nano

izquierda / derecha

ɓadi / woɗɗi

cerca / lejos

keso / kiiɗɗo

nuevo / usado

haydara / huunde

nada / algo

nayeeji / suka

viejo / joven

ne heen / ala heen

encendido / apagado

udditi / uddi

abierto / cerrado

deeɣi / dilla

silencioso / ruidoso

galo / baasɗo

rico / pobre

feewi / feewaani

correcto / incorrecto

tekki / ɗaati

áspero / suave

suni / weelti

triste / contento

daɓɓo / jutɗo

corto / largo

leeli / yaawi

lento / rápido

leppi / yoori

mojado / seco

wuli / ɓuuɓi

caliente / frío

hare / jam

guerra / paz

0

meere

cero

1

goo

uno

2

ɗiɗi

dos

3

tati

tres

4

nay

cuatro

5

joy

cinco

6

jeegom

seis

7

seeɗiɗi

siete

8

jeetati

ocho

9

jeenay

nueve

10

sappo

diez

11

sappo e goo

once

12

sappo e ɗiɗi

doce

13

sppo e tati

trece

14

sappo e nay

catorce

15

sappo e joy

quince

16

sappo e jeegom

dieciséis

17

sappo e jeeɗiɗi

diecisiete

18

sappo e jeetati

dieciocho

19

sappo e jeenay

diecinueve

20

noogas

veinte

100

teemedere

cien

1.000

ujunere

mil

1.000.000

miliyonŋ

el millón

Angale

el inglés

Angale Amerik

el inglés americano

Mandare Siin

el chino mandarín

Indo

el hindi

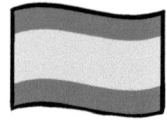

Español

el español

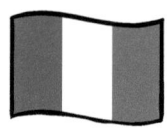

Farayse

el francés

Arab

el árabe

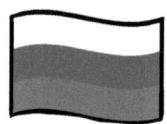

Riis

el ruso

Portige

el portugués

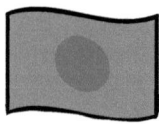

Bengali

el bengalí

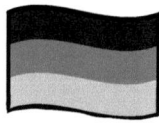

Alma

el alemán

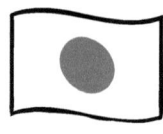

Sappone

el japonés

miin

yo

ann

vos

kanŋko / kanŋko / kañum

él / ella

minen

nosotros

onon

ustedes

kamɓe

ellos

holi oon?

¿quién?

hol đum?

¿qué?

hol no?

¿cómo?

hol toon?

¿dónde?

mande?

¿cuándo?

innde

el nombre

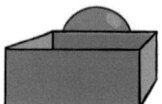

caggal

detrás

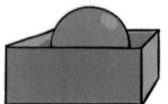

nder

en

yeeso

adelante de

hedde

por encima de

dow

sobre

les

debajo de

sara

al lado de

hakkunde

entre

nokku

el lugar